5

兒童
華語課本

CHILDREN'S
CHINESE READER

中英文版

Chinese-English
Edition

OVERSEAS CHINESE AFFAIRS COMMISSION
中華民國僑務委員會印行

序言

　　我國僑胞遍佈全球，爲加強服務僑胞，傳揚中華文化，推動華語文教學，本會特邀集華語文學者專家於民國八十二年編製這套「兒童華語課本」教材，並深受各界肯定。近年來，採用本教材之僑校持續增加，爲使這套教材更適合海外需求，本會將繼續了解並彙整僑校教師意見，以供未來編修之用。

　　本教材共計十二冊，適於小學一至六年級程度學生使用。每冊四課，以循序漸進的方式編排，不但涵蓋一般問候語到日常生活所需詞彙，並將家庭、學校與人際互動等主題引入課文中。從第七冊起，更加入短文、民俗節慶、寓言及成語故事，使學生在學習華語文的同時，也能對中華文化有所體認。

　　爲讓學生充分了解並運用所學語言及文字，編輯小組特別逐冊逐課編寫作業簿，以看圖填字、文句翻譯、問答等方式提供學生多元化練習的機會，進而加強學生的語文能力。

　　海外華文教材推廣的動力在華文教師，是以在課本、作業簿之外，本套教材另提供教學指引及電化教材，教師可靈活運用其中之各項資料，以加強教學效果，提昇學習興趣。

　　語言的精進，端賴持續不斷練習，然而海外學習華語文的環境卻有其時間及空間的限制，必須教師、家長與學生三方密切合作，方能克竟其功。我們希望教師能善用本套材之相關教學資源，提供生動活潑的學習環境，學生家長能參與課後各項輔導活動，讓學生在生活化及自然化的情境中學習，以突破學習的困境。

　　本套教材之編製工作繁複，我們要特別感謝熱心參與的專家學者，由於他們精心地規劃與認真地編寫，使本教材得以順利出版。僑教工作的推展，非一蹴可幾，本會今後將積極結合海內外專家學者及僑教人士，共同為改良華語文教材、提昇華語文教學水準而努力，使僑教工作更為深化扎實。

僑務委員會委員長

張　富　美

FOREWORD

Today overseas compatriots are located in all corners of the world, and it is important that as part of our services to them, we ensure they also have access to the Chinese culture and language education enjoyed by their fellow countrymen. To this end the Overseas Chinese Affairs Commission had invited academics and professionals of Chinese language education to compile the *Children's Chinese Reader* textbook series. Completed in 1993, the compilation received popular acclaim, and since then a continuously increasing number of overseas Chinese schools have based their teaching upon this series. In order to make *Children's Chinese Reader* even better adapted to the needs of overseas teachers and students, the OCAC welcomes the comments and feedback of teachers at overseas Chinese schools for future revisions.

Children's Chinese Reader consists of 12 books and is suitable for primary students from grades 1 to 6. Each book contains 4 step-by-step lessons in increasing levels of difficulty, which not only cover general greetings and vocabulary commonly used in daily life, but also incorporate such themes as family, school and social interactions. Starting from book 7 the lessons introduce short stories, folk celebrations, traditional fables and proverb stories, so that students of the Chinese language may also gain an understanding of Chinese culture.

In order to help students fully comprehend and utilize the vocabulary and knowledge acquired, editors of *Children's Chinese Reader* have designed workbooks that correspond to each textbook in the series. Through fill-in-the-blank questions, sentence translations, and Q and A formats, these workbooks offer students the opportunity to practice in a number of different ways, so as to further enhance their language skills.

Teachers of the Chinese language are the main driving force behind overseas Chinese education. Therefore, in addition to textbooks and workbooks, *Children's Chinese Reader* also offers teaching guidelines and electronic materials that teachers may flexibly adapt as necessary. With these supplementary materials, it is hoped that teachers will be able to inspire the interest of students and achieve their educational goals.

Consistent practice is the key for progress in learning any new language, but students learning the Chinese language overseas are often hampered in their learning environment in terms of time and space. Therefore successful studies will depend on the joint efforts of teachers, parents and students. We hope that teachers will be able to make full use of the educational resources offered by *Children's Chinese Reader* to provide students with a lively and fascinating learning environment. If parents of students can also participate in the various extracurricular activities organized by schools, then students will be able to learn through a daily and natural environment that overcomes barriers to learning.

The compilation of *Children's Chinese Reader* has taken the dedicated and tireless efforts of many people. In particular, we must thank those academics and professionals who have willingly given their time and expertise. It was only because of their meticulous planning and painstaking care in drafting that the series successfully came to be published. Propagation of Chinese language education overseas is not a work that can be completed in the short-term. In the future, the OCAC will continue to cooperate with local and overseas professionals and educators in further improving teaching materials for the Chinese language and enhancing the quality of Chinese language education.

Chang Fu-mei, Ph.D.
Minister of Overseas Chinese Affairs Commission

兒童華語課本中英文版編輯要旨

一、本書為中華民國僑務委員會為配合北美地區華裔子弟
　　適應環境需要而編寫，教材全套共計課本十二冊、作
　　業簿十二冊及教師手冊十二冊。另每課製作六十分鐘
　　錄影帶總計四十八輯，提供教學應用。

二、本書編輯小組及審查委員會於中華民國七十七年十一
　　月正式組成，編輯小組於展開工作前擬定三項原則及
　　五項步驟，期能順利達成教學目標：

　　㈠三項原則——

　　　　⑴介紹中華文化與華人的思維方式，以期海外華裔
　　　　　子弟能了解、欣賞並接納我國文化。

　　　　⑵教學目標在表達與溝通，以期華裔子弟能聽、
　　　　　說、讀、寫，實際運用中文。

　　　　⑶教材內容大多取自海外華裔子弟當地日常生活，
　　　　　使其對課文內容產生認同感，增加實際練習機
　　　　　會。

(二)五項步驟——

　　(1)分析學習者實際需要,進而決定單元內容。

　　(2)依據兒童心理發展理論擬定課程大綱:由具體事
　　　　物而逐漸進入抽象、假設和評估階段。

　　(3)決定字彙、詞彙和句型數量,合理地平均分配於
　　　　每一單元。

　　(4)按照上述分析與組織著手寫作課文。

　　(5)增加照片、插圖、遊戲和活動,期能吸引學童注
　　　　意力,在愉快的氣氛下有效率地學習。

三、本書第一至三冊俱採注音符號(ㄅ、ㄆ、ㄇ、ㄈ……)
　　及羅馬拼音。第四冊起完全以注音符號與漢字對照為
　　主。

四、本書適用對象包括以下三類學童:

(一)自第一冊開始——在北美洲土生土長、無任何華語
　　　基礎與能力者。

(二)自第二冊開始——因家庭影響,能聽說華語,卻不

識漢字者。

㈢自第五或第六冊開始——自國內移民至北美洲，稍
　具國內基本國語文教育素養；或曾於海外華文學校
　短期就讀，但識漢字不滿三百字者。

五、本書於初級華語階段，完全以注音符號第一式及第二
　　式介紹日常對話及句型練習，進入第三冊後，乃以海
　　外常用字作有計劃而漸進之逐字介紹，取消注音符號
　　第二式，並反覆練習。全書十二冊共介紹漢字 1160
　　個，字彙、詞彙共 1536 個，句型 217 個，足供海外
　　華裔子弟閱讀一般書信、報紙及書寫表達之用。並在
　　第十一冊、十二冊增編華人四大節日及風俗習慣作閱
　　讀的練習與參考。

六、本書教學方式採溝通式教學法，著重於日常生活中的
　　表達與溝通和師生間之互動練習。因此第一至七冊完
　　全以對話形態出現；第八冊開始有「自我介紹」、
　　「日記」、「書信」和「故事」等單元，以學生個人

生活經驗為題材，極為實用。

七、本書每一主題深淺度也配合著兒童心理之發展，初級
課程以具象實物為主，依語文程度和認知心理之發展
逐漸添加抽象思考之概念，以提升學生自然掌握華語
文實用能力。初級課程之生字與對話是以口語化的發
音為原則，有些字需唸輕聲，語調才能自然。

八、本書編輯旨意，乃在訓練異鄉成長的中華兒女，多少
能接受我中華文化之薰陶，毋忘根本，對祖國語言文
化維繫著一份血濃於水的情感。

九、本書含教科書、作業簿及教師手冊之編輯小組成員為
何景賢博士，宋靜如女士，及王孫元平女士，又經美
國及加拿大地區僑校教師多人及夏威夷大學賀上賢教
授參與提供意見，李芊小姐、文惠萍小姐校對，始克
完成。初版如有疏漏之處，尚祈教師與學生家長不吝
惠正。

注音符號第一、二式與通用、漢語拼音對照表

注音符號第一式		注音符號第二式	通用拼音	漢語拼音
(一) 聲母				
唇音	ㄅㄆㄇㄈ	b p m f	b p m f	b p m f
舌尖音	ㄉㄊㄋㄌ	d t n l	d t n l	d t n l
舌根音	ㄍㄎㄏ	g k h	g k h	g k h
舌面音	ㄐㄑㄒ	j(i) ch(i) sh(i)	ji ci si	j(i) q(i) x(i)
翹舌音	ㄓㄔㄕㄖ	j(r) ch(r) sh r	jh ch sh r	zh ch sh r
舌齒音	ㄗㄘㄙ	tz ts(z) s(z)	z c s	z c s
(二) 韻母				
單韻	ㄧㄨㄩ	(y)i , u,w iu,yu	(y)i , wu,u yu	i u ü
單韻	ㄚㄛㄜㄝ	a o e e	a o e ê	a o e ê
複韻	ㄞㄟㄠㄡ	ai ei au ou	ai ei ao ou	ai ei ao ou
隨聲韻	ㄢㄣㄤㄥ	an en ang eng	an en ang eng	an en ang eng
捲舌韻	ㄦ	er	er	er

目錄
Contents

第_{ㄉㄧˋ} 一_ㄧ 課_{ㄎㄜˋ}
Dì Yī Kè

打_{ㄉㄚˇ}棒_{ㄅㄤˋ}球_{ㄑㄧㄡˊ}

Playing Baseball 1

第_{ㄉㄧˋ} 二_{ㄦˋ} 課_{ㄎㄜˋ}
Dì Èr Kè

去_{ㄑㄩˋ}烤_{ㄎㄠˇ}肉_{ㄖㄡˋ}

Going to a Barbecue 25

第_{ㄉㄧˋ} 三_{ㄙㄢ} 課_{ㄎㄜˋ}
Dì Sān Kè

游_{ㄧㄡˊ}泳_{ㄩㄥˇ}

Swimming 43

生_{ㄕㄥ}字_{ㄗˋ}生_{ㄕㄥ}詞_{ㄘˊ}索_{ㄙㄨㄛˇ}引_{ㄧㄣˇ}
Vocabulary Index 84
兒_{ㄦˊ}歌_{ㄍㄜ}
Children's Songs 94

第_{ㄉㄧˋ} 四_{ㄙˋ} 課_{ㄎㄜˋ}
Dì Sz̀ Kè

芭_{ㄅㄚ}比_{ㄅㄧˇ}的_{ㄉㄜ˙}衣_ㄧ服_{ㄈㄨˊ}

Barbie's Clothes 66

第一課
Dì　Yī　Kè

打棒球

Playing　Baseball

1

I 對 話

（ Dialogue ）

第 一 部	Part 1
李 立	我們明天去打棒球好不好？
林一平	好哇！ 上那兒去？
李 立	去長青公園。
林一平	除了你，我，還要找誰？
李 立	我弟弟，妹妹，王芸和她哥哥，姐姐。
林一平	誰帶球棒？

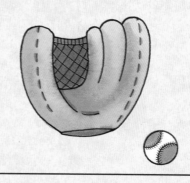

李ㄌㄧˇ　立ㄌㄧˋ　　　我ㄨㄛˇ帶ㄉㄞˋ。你ㄋㄧˇ有ㄧㄡˇ棒ㄅㄤˋ球ㄑㄧㄡˊ手ㄕㄡˇ套ㄊㄠˋ嗎ㄇㄚ？

林ㄌㄧㄣˊ一ㄧ平ㄆㄧㄥˊ　　有ㄧㄡˇ。我ㄨㄛˇ有ㄧㄡˇ五ㄨˇ個ㄍㄜ。你ㄋㄧˇ有ㄧㄡˇ球ㄑㄧㄡˊ嗎ㄇㄚ？

李ㄌㄧˇ　立ㄌㄧˋ　　　有ㄧㄡˇ。我ㄨㄛˇ有ㄧㄡˇ三ㄙㄢ個ㄍㄜ。你ㄋㄧˇ有ㄧㄡˇ沒ㄇㄟˊ有ㄧㄡˇ

　　　　　　　　　壘ㄌㄟˇ包ㄅㄠ？

林ㄌㄧㄣˊ一ㄧ平ㄆㄧㄥˊ　　沒ㄇㄟˊ有ㄧㄡˇ。

3

I 對 話

（Dialogue）

第二部	Part 2
李立	誰當投手？
王芸	我。誰當捕手呢？
林一平	我。王芸，你哥哥姐姐可以當一壘手，二壘手。李立當三壘手，李德當右外野手。
李欣欣	那我呢？
李立	你可以打第一棒啊！

| 李_{ㄌㄧˇ}欣_{ㄒㄧㄣ}欣_{ㄒㄧㄣ} | 好_{ㄏㄠˇ}。可_{ㄎㄜˇ}是_{ㄕˋ}左_{ㄗㄨㄛˇ}外_{ㄨㄞˋ}野_{ㄧㄝˇ}沒_{ㄇㄟˊ}人_{ㄖㄣˊ}守_{ㄕㄡˇ}。 |

好_{ㄏㄠˇ}。可_{ㄎㄜˇ}是_{ㄕˋ}左_{ㄗㄨㄛˇ}外_{ㄨㄞˋ}野_{ㄧㄝˇ}沒_{ㄇㄟˊ}人_{ㄖㄣˊ}守_{ㄕㄡˇ}。

怎_{ㄗㄣˇ}麼_{ㄇㄜ}辦_{ㄅㄢˋ}？

李_{ㄌㄧˇ}　立_{ㄌㄧˋ}　　啊_ㄚ！我_{ㄨㄛˇ}們_{ㄇㄣˊ}可_{ㄎㄜˇ}以_{ㄧˇ}叫_{ㄐㄧㄠˋ} Lucky 當_{ㄉㄤ}

左_{ㄗㄨㄛˇ}外_{ㄨㄞˋ}野_{ㄧㄝˇ}手_{ㄕㄡˇ}。

林_{ㄌㄧㄣˊ}一_ㄧ平_{ㄆㄧㄥˊ}　好_{ㄏㄠˇ}主_{ㄓㄨˇ}意_{ㄧˋ}！

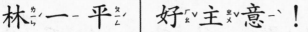

Ⅰ對 話

（ Dialogue ）

第 三 部	Part 3
王芸	你累嗎？
林一平	不累。 我一點兒都不累。你呢？
王芸	我有點兒累。欣欣，你呢？
李欣欣	我累死了！ 明天我不要去上學， 要在家休息。

II 生字生詞

（Vocabulary & Expressions）

1. 棒球 bàngchióu baseball
2. 長青 chángchīng evergreen
3. 公園 gūngyuán park
4. 找 jǎu to look for
5. 球棒 chióu bàng baseball bat
6. 手套 shǒutàu glove
7. 壘包 lěi bāu bag for the base
8. 當 dāng to be, to act as, to play as
9. 投手 tóushǒu pitcher

10. 捕手 bǔshǒu catcher
11. 一壘手 yīlěi shǒu first baseman
12. 右外野手 yòu wàiyě shǒu right fielder
13. 第一棒 dì yī bàng first at bat
14. 左外野 tzuǒ wàiyě left field
15. 守 shǒu watch, keep one's eyes on
16. 怎麼辦 tzěmme bàn What should we do?
17. 叫 jiàu to ask
18. 主意 jǔyì idea

7

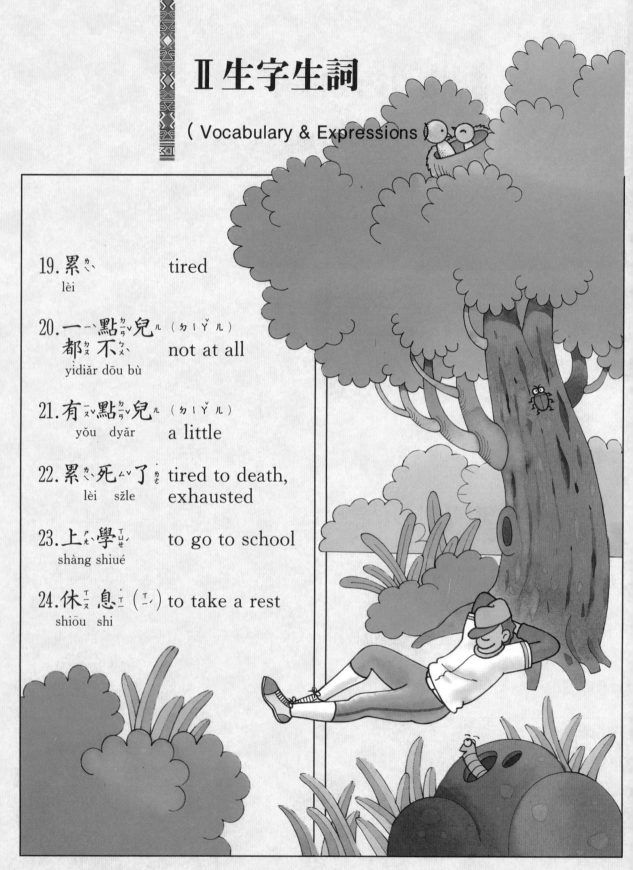

II 生字生詞

（Vocabulary & Expressions）

19. 累 tired
    lèi

20. 一點兒（ㄉㄧㄚˇㄦ）
    都不 not at all
    yìdiǎr dōu bù

21. 有點兒（ㄉㄧㄚˇㄦ）
    yǒu dyǎr a little

22. 累死了 tired to death,
    lèi sǐle exhausted

23. 上學 to go to school
    shàng shiué

24. 休息（ㄒㄧ） to take a rest
    shiōu shi

Ⅲ 句型練習

（ Pattern Practice ）

1. 除了你、我，還要找誰？

   除了台灣、加州，還要去那兒？

   除了派、冰淇淋，還要吃什麼？

2. 誰帶球棒？

   手套

   球

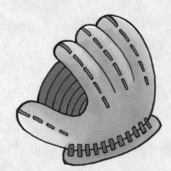

3. 誰當投手？

   捕手

   一壘手

   老師

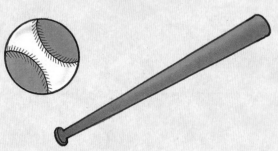

Ⅲ 句型練習

(Pattern Practice)

4. 左外野沒人守怎麼辦？

　　水果派　　　　　吃

　　小弟弟　　　　　看

5. 我們可以叫 Lucky 當左外野手。

　　你　　　　　王芸　　　投手

　　他　　　　　弟弟　　　捕手

6. 你累嗎？ 我一點兒都不累。

　　你渴嗎？　　　　　　　　渴

　　她會嗎？ 她　　　　　　　會

7. 你累嗎？　我有點兒累。

   你渴嗎？　　　　　　　渴

8. 你累嗎？　我累死了！

   你渴嗎？　　渴

9. 我　　不要去上學，　要在家休息。

   媽媽　　　　買菜，　要在家看電視

   姐姐　　　　打球，　要在家睡覺

Ⅳ 英 譯

(English Translation)

Part 1:

李立	Let's go and play baseball tomorrow, O K ?
林一平	O K. Where shall we go ?
李立	To the Evergreen Park.
林一平	Besides you and me, who else do we need ?
李立	Well, my brother and sister, Wang Yun, and her brother and sister.
林一平	Who is going to bring the bat ?
李立	I'll bring it. Do you have any baseball gloves ?
林一平	Yes. I've got five. Do you have any balls ?

李立 ㄌㄧˇ ㄌㄧˋ　　Yes. I've got three.　Do you have any bases ?

林一平 ㄌㄧㄣˊ ㄧ ㄆㄧㄥˊ　　No.

IV 英 譯

(English Translation)

Part 2：

李立　Who's going to be the pitcher？

王芸　Me. Who's going to be the catcher？

林一平　Me. Wang Yun , your brother and sister can be first baseman and second baseman, Li Li can be the third baseman, and Li De can be the right fielder.

李欣欣　Then what about me？

李立　You can be the first batter.

李欣欣　All right, but nobody is watching the left field. What should we do？

李立 Oh！ We can ask Lucky to be the left fielder.

林一平 Good idea！

Ⅳ 英 譯

（ English Translation ）

Part 3 :

王芸	Are you tired ?
林一平	No. Not at all.　How about you ?
王芸	I'm a little tired.　Shin-shin, how about you ?
李欣欣	Oh！　I'm exhausted！I'm not going to go to school tomorrow. I'm going to stay at home and have a good rest.

V 寫寫看

Let's learn how to write Chinese characters.

Please follow the stroke order and write each one ten times.

生字及注音		部首	筆順
中 ㄓㄨㄥ	jūng	丨 ㄍㄨㄣˇ	丶 冂 口 中
國 ㄍㄨㄛˊ	guó	口 ㄨㄟˊ	丨 冂 冂 冂 冋 冋 同 回 國 國 國
洗 ㄒㄧˇ	shǐ	水(氵) ㄕㄨㄟˇ	丶 冫 氵 氵 汁 汁 泮 泩 洗
幫 ㄅㄤ	bāng	巾 ㄐㄧㄣ	一 十 土 圭 圭 圭 圭 封 封 封 封 封 幇 幇 幇 幇 幫
忙 ㄇㄤˊ	máng	心(忄) ㄒㄧㄣ	丶 忄 忄 忄 忙 忙
買 ㄇㄞˇ	mǎi	貝 ㄅㄟˋ	丶 冂 罒 罒 罒 罒 罒 買 買 買 買 買
跟 ㄍㄣ	gēn	足 ㄗㄨˊ	丶 口 口 口 早 足 足 跙 跙 跙 跟 跟 跟
些 ㄒㄧㄝ	shiē	二 ㄦˋ	丨 卜 止 止 止 此 此 些
菜 ㄘㄞˋ	tsài	艸(艹) ㄘㄠˇ	丶 十 艹 艹 艹 芓 芓 芓 苙 苹 苹 菜
魚 ㄩˊ	yú	魚 ㄩˊ	丿 ク ク 各 各 角 角 角 魚 魚 魚
狗 ㄍㄡˇ	gǒu	犬(犭) ㄑㄩㄢˇ	丿 犭 犭 犭 犳 犳 狗 狗
貓 ㄇㄠ	māu	豸 ㄓˋ	丿 ㄑ 〈 夕 豸 豸 豸 豸 豸 豸 豸 豸 貓 貓 貓 貓
豬 ㄓㄨ	jū	豕 ㄕˇ	一 丆 豕 豕 豕 豕 豕 豕 豕 豕 豬 豬 豬 豬 豬

V 寫寫看

Let's learn how to write Chinese characters.
Please follow the stroke order and write each one ten times.

生字及注音		部首	筆　　　　　　　　　　　　　　　順
隻 ㄓ	jī	隹 ㄓㄨㄟ	ノ イ イ′ イ゛ 忄 隹 隹 隻 隻
雞 ㄐㄧ	jī	隹 ㄓㄨㄟ	′ ′′ ′′′ ′′′′ 夕 豸 至 豸 奚 奚 雞 雞 雞 雞 雞 雞
超 ㄔㄠ	chāu	走 ㄗㄨ	一 十 土 キ キ 走 走 起 起 起 超 超
級 ㄐㄧ	jí	糸 ㄇㄧ	′ ′′ 幺 幺 幺 糸 糸 約 級 級
市 ㄕ	shì	巾 ㄐㄧㄣ	﹂ 亠 宀 市 市
場 ㄔㄤ	cháng	土 ㄊㄨ	一 十 土 圹 圹 圹 坩 坩 坦 場 場
米 ㄇㄧ	mǐ	米 ㄇㄧ	﹑ ′ ′′ 半 米 米

18

Ⅵ 讀 讀 看

Let's learn how to read Chinese characters.

中	中ㄏㄨㄚˊㄇㄧㄣˊ國
國	美國，國王
洗	洗手，洗水果
幫	幫忙，幫個忙好嗎？
忙	請誰幫忙？
買	買菜，買可樂
跟	你買什麼肉？我買豬肉跟雞肉。
些	你買些什麼菜？
菜	他不吃 ㄕㄨ菜。
魚	要買魚，ㄏㄞˊ 要買肉。
狗	一隻狗，小狗
貓	這隻貓很漂亮。
豬	他吃豬肉，不吃牛肉。
隻	你有幾隻小貓？
雞	雞肉很好吃。
超	超級市場
級	上超級市場買牛肉。
市	市場在那兒？

Ⅵ 讀 讀 看

Let's learn how to read Chinese characters.

場	市場裡有很多水果。
米	超級市場沒有 ㄩˋ 米嗎？

VII 你會讀下面的句子嗎？

Can you read the following sentences ?

1. ㄏㄨㄚˊ人都喜歡吃中國菜嗎？

2. 你上超級市場買些什麼菜？

3. 買魚，買肉，也買水果、可樂，ㄏㄞˊ買蛋。

4. 他們買豬肉、雞肉，不買牛肉。

5. 姐姐要幫媽媽忙，洗菜，ㄏㄞˊ要洗西瓜。

6. 你家有幾隻小狗？兩隻，也有一隻大狗。

7. 妹妹喜歡貓，她有三隻小貓ㄇㄧ。

8. ㄆㄛ ㄙ 貓的眼睛好漂亮，有 ㄌㄢˊ 的，有 ㄌㄩˋ 的。

9. 你的小狗叫什麼名字？叫 Lucky。

10. 我的狗很喜歡吃牛肉；貓喜歡吃魚。

11. 我們家沒有土司，我要上超級市場買，那兒有沒有？

12. ㄏㄨㄚˊ人喜歡喝茶，可是小妹妹要喝可樂、果汁。

13.小貓、小狗有沒有眉毛，你知道嗎？

14.爸爸快回來了，我們先洗洗手，要吃 ㄨㄢˇ 飯了。

15.媽媽！ ㄨㄢˇ 飯喝什麼湯？ ㄩˋ 米湯，你喜歡嗎？

第二課
Dì Èr Kè

去烤肉
Going to a Barbecue

Ⅰ 對 話

(Dialogue)

第 一 部	Part 1
王 芸	媽，我們什麼時候出發？
媽 媽	十點半。
王 芸	去烤肉要帶些什麼？
媽 媽	要帶烤肉架、烤肉刷、筷子、鏟子、木柴、火種、打火機、紙杯、紙盤和紙餐巾。
哥 哥	想想看，要帶些什麼吃的？

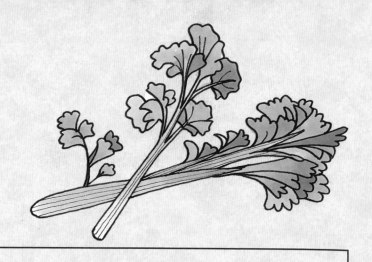

王芸　　要帶麵包、蕃茄、芹菜、

　　　　洋葱、可樂、果汁和西瓜。

哥哥　　少了一樣。

王芸　　什麼？

哥哥　　肉。

王芸　　媽，我們要烤牛肉還是

　　　　雞肉？

媽媽　　牛肉。

I 對 話

(Dialogue)

第 二 部	Part 2
王　芸	哥哥，你生火，要我幫忙嗎？
哥　哥	好啊！請你一邊兒刷肉，一邊兒翻肉。
王　芸	我想一邊兒刷肉，一邊兒吃肉。可以不可以？
哥　哥	現在不可以，肉沒熟，不能吃。

王芸　肉什麼時候會熟？

哥哥　再等五分鐘吧！

王芸　要是吃了沒熟的肉，

　　　會怎麼樣？

哥哥　會生病。

Ⅱ 生字生詞

（Vocabulary & Expressions）

1. 烤ㄎㄠˇ肉ㄖㄡˋ　barbecue
   kǎu ròu

2. 出ㄔㄨ發ㄈㄚ　to start out
   chūfā

3. 烤ㄎㄠˇ肉ㄖㄡˋ架ㄐㄚˋ barbecue grill
   kǎuròu jià

4. 烤ㄎㄠˇ肉ㄖㄡˋ刷ㄕㄨㄚ barbecue brush
   kǎuròu shuā

5. 筷ㄎㄨㄞˋ子ㄗ（ㄗˇ）chopsticks
   kuàitz

6. 鏟ㄔㄢˇ子ㄗ　spatula
   chǎntz

7. 木ㄇㄨˋ柴ㄔㄞˊ　firewood
   mùchái

8. 火ㄏㄨㄛˇ種ㄓㄨㄥˇ firestarters
   huǒ jǔng

9. 打ㄉㄚˇ火ㄏㄨㄛˇ機ㄐㄧ lighter
   dǎhuǒ jī

10. 紙ㄓˇ杯ㄅㄟ　paper cup
    jǐ bēi

11. 紙ㄓˇ盤ㄆㄢˊ　paper plate
    jǐ pán

12. 紙ㄓˇ餐ㄘㄢ巾ㄐㄧㄣ paper napkin
    jǐ tsān jin

13. 想ㄒㄧㄤˇ想ㄒㄧㄤˇ看ㄎㄢˋ to think
    shiǎngshiǎng kàn　about it

14. 吃ㄔ的ㄉㄜ　things to eat
    chrde

15. 蕃ㄈㄢ茄ㄑㄧㄝˊ tomato
    fān chié

16. 芹ㄑㄧㄣˊ菜ㄘㄞˋ celery
    chín tsài

17. 果ㄍㄨㄛˇ汁ㄓ fruit juice
    guǒjr

18. 少ㄕㄠˇ　to lack；
    shǎu　to be missing
    （something）

19. 一樣ㄧ一樣ㄤ
yíyàng

one item

20. 肉ㄖㄡˋ
ròu

meat

21. 生ㄕㄥ火ㄏㄨㄛˇ
shēnghuǒ

make a fire

22. 一一邊ㄅ兒ㄦ
…一一邊ㄅㄢ兒ㄦ
yìbiār … yìbiār

(ㄅㄧㄚ ㄦ)
sentence pattern used to express doing something while also doing something else

23. 刷ㄕㄨㄚ
shuā

to brush

24. 翻ㄈㄢ
fān

to turn

25. 想ㄒㄧㄤˇ
shiǎng

to want；
to feel like

26. 現ㄒㄧㄢ在ㄗㄞˋ
shiàn tzài

now

27. 熟ㄕㄡˊ
shóu（shú）

cooked；done

28. 要ㄧㄠˋ是ㄕˋ（ㄕˋ）
yàushr

if

29. 沒ㄇㄟˊ熟ㄕㄡˊ的ㄉㄜ
méi　　shóude

raw；
uncooked

30. 生ㄕㄥ病ㄅㄧㄥˋ
shēngbing

get sick；
become ill

29

Ⅲ句型練習

（ Pattern Practice ）

1. 去烤肉要帶些什麼？

   買菜

   上學

   露營

2. 想想看，要帶些什麼吃的？

   用的

   玩的

3. 要ㄧㄠˋ烤ㄎㄠˇ牛ㄋㄧㄡˊ肉ㄖㄡˋ還ㄏㄞˊ是ㄕˋ雞ㄐㄧ肉ㄖㄡˋ？

　　吃ㄔ蕃ㄈㄢ茄ㄑㄧㄝˊ　　　　芹ㄑㄧㄣˊ菜ㄘㄞˋ

　　喝ㄏㄜ可ㄎㄜˇ樂ㄌㄜˋ　　　　果ㄍㄨㄛˇ汁ㄓ

　　用ㄩㄥˋ白ㄅㄞˊ色ㄙㄜˋ　　　　黃ㄏㄨㄤˊ色ㄙㄜˋ

4. 一ㄧˋ邊ㄅㄧㄢ兒ㄦ刷ㄕㄨㄚ肉ㄖㄡˋ，一ㄧˋ邊ㄅㄧㄢ兒ㄦ翻ㄈㄢ肉ㄖㄡˋ。

　　翻ㄈㄢ肉ㄖㄡˋ　　　　　　吃ㄔ肉ㄖㄡˋ

　　吃ㄔ飯ㄈㄢˋ　　　　　　看ㄎㄢˋ電ㄉㄧㄢˋ視ㄕˋ

III 句型練習

(Pattern Practice)

5. 肉沒熟，不能吃。

　梨

　飯

6. 要是吃了沒熟的肉，會怎麼樣？

　　吃了沒熟的水果，

　　不　上　學，

7. 要是吃了沒熟的肉，會生病。

　　不　睡　覺，

　　不　　　玩，

　　不　吃　飯，

IV 英 譯

(English Translation)

Part 1 ：

王ㄨㄤˊ	芸ㄩㄣˊ	When are we going to start out ？
媽ㄇㄚ	媽ㄇㄚˉ	Ten thirty.
王ㄨㄤˊ	芸ㄩㄣˊ	What should we bring for the barbecue ？
媽ㄇㄚ	媽ㄇㄚˉ	We should bring a barbecue grill, a barbecue brush, chopsticks, spatulas, wood, firestarters, lighters, paper cups, paper plates, and paper napkins.
哥ㄍㄜ	哥ㄍㄜˉ	Let's see ...... What should we bring to eat ？
王ㄨㄤˊ	芸ㄩㄣˊ	Bread, tomatoes, celery, onions, cola , fruit juice, and watermelons.
哥ㄍㄜ	哥ㄍㄜˉ	We're missing something.

Ⅳ英 譯

(English Translation)

王ㄨㄤˊ 芸ㄩㄣˊ	What's that ?
哥ㄍㄜ 哥ㄍㄜ˙	Meat.
王ㄨㄤˊ 芸ㄩㄣˊ	Mom, are we going to barbecue beef or chicken ?
媽ㄇㄚ 媽ㄇㄚ˙	Beef.

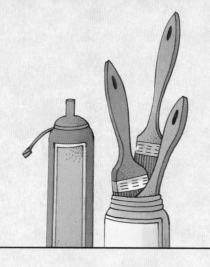

Part 2 :

王ㄨㄤˊ　芸ㄩㄣˊ　　Ge Ge, do you need my help while you're making the fire ?

哥ㄍㄜ　哥ㄍㄜ˙　　OK.　　Please turn the meat, and brush it at the same time .

王ㄨㄤˊ　芸ㄩㄣˊ　　I'd like to eat the meat while I'm brushing it.
Is that all right ?

哥ㄍㄜ　哥ㄍㄜ˙　　Not for now.　You can't eat the raw meat.

王ㄨㄤˊ　芸ㄩㄣˊ　　When will the meat be cooked ?

哥ㄍㄜ　哥ㄍㄜ˙　　Wait five more minutes.

Ⅳ英　譯

（ English Translation ）

王　芸　What will happen to us if we eat uncooked meat？

哥　哥　We'll get sick.

V 寫寫看

Let's learn how to write Chinese characters.
Please follow the stroke order and write each one ten times.

生字及注音		部首	筆　　　　　　　　　　　　　　　　　　　順
今 ㄐㄧㄣ	jīn	人 ㄖㄣˊ	ノ 入 今 今
明 ㄇㄧㄥˊ	míng	日 ㄖˋ	l 冂 日 日 日 明 明 明
昨 ㄗㄨㄛˊ	tzuó	日 ㄖˋ	l 冂 日 日 日' 昨 昨 昨 昨
天 ㄊㄧㄢ	tiān	大 ㄉㄚˋ	一 二 チ 天
白 ㄅㄞˊ	bái	白 ㄅㄞˊ	ノ 亻 白 白 白
黑 ㄏㄟ	hēi	黑 ㄏㄟ	丶 口 口 口 四 甲 甲 里 里 黑 黑 黑
色 ㄙㄜˋ	sè	色 ㄙㄜˋ	ノ ㄅ ㄅ 名 名 色
冰 ㄅㄧㄥ	bīng	冫 ㄅㄧㄥ	丶 冫 冫 冰 冰 冰
箱 ㄒㄧㄤ	shiāng	竹 ㄓㄨˊ	ノ ㄅ ㄅ ㄅ 竹 竹 竿 竿 笋 笋 箱 箱 箱 箱 箱
還 ㄏㄞˊ	hái	辵(辶) ㄔㄨㄛˋ	丶 口 四 四 四 罒 罒 罘 睘 睘 睘 還 還 還 還
做 ㄗㄨㄛˋ	tzuò	人(亻) ㄖㄣˊ	ノ 亻 亻 仁 仁 仕 仕 估 做 做 做

V 寫寫看

Let's learn how to write Chinese characters.
Please follow the stroke order and write each one ten times.

生字及注音	部首	筆　　　　　　　　　　　　　　　　順
晚 ㄨㄢˇ　wǎn	日 ㈰	丨 冂 日 日 日 旷 昉 昈 晚 晚 晚
美 ㄇㄟˇ　měi	羊 ㄧㄤ	丶 丷 䒑 兰 羊 羊 美 美 美
南 ㄋㄢˊ　nán	十 ㄕˊ	一 十 忄 冇 冇 南 南 南 南
麵 ㄇㄧㄢˋ　miàn	麥 ㄇㄞ	一 十 才 才 朿 朿 夾 夾 麥 麥 麥 麭 麭 麭 麵 麵 麵 麵 麵 麵
包 ㄅㄠ　bāu	勹 ㄅㄠ	丿 勹 勺 匀 包
顏 ㄧㄢˊ　yán	頁 ㄧㄝˋ	丶 二 宁 文 立 产 产 彦 彦 彦 彦 额 额 颜 颜 顏 顏
紅 ㄏㄨㄥˊ　húng	糸 ㄇㄧˋ	乙 幺 幺 幺 糸 糸 糸 紅 紅 紅
黃 ㄏㄨㄤˊ　huáng	黃 ㄏㄨㄤ	一 十 卄 卄 甘 苎 苎 苗 苗 黃 黃
藍 ㄌㄢˊ　lán	艸(艹)ㄘㄠˇ	丶 丷 艹 艹 艹 艻 艻 菂 菂 藍 藍 藍 藍 藍 藍 藍 藍

38

VI 讀讀看

Let's learn how to read Chinese characters.

今	今 天 你 們 好 嗎 ？
明	明 天 不 去 。
昨	昨 天 晚 飯 吃 什 麼 ？
天	校 車 今 天 來 。
白	我 有 一 隻 小 白 貓 。
黑	黑 貓 吃 魚 。
色	西 瓜 子 是 黑 色 的 。
冰	冰 水 ， 冰 箱
箱	水 果 派 在 冰 箱 裡 。
還	你 還 要 什 麼 ？
做	明 天 你 做 什 麼 ？
晚	晚 飯 ， 晚 上
美	美 國 貓
南	南 瓜
麵	麵 包
包	買 麵 包
顏	顏 色
紅	紅 色 的 西 瓜

VI 讀讀看

Let's learn how to read Chinese characters.

黃	ㄒㄧㄤ ㄐㄧㄠ 是黃色的。
藍	藍眼睛

Ⅶ 你會讀下面的句子嗎？

Can you read the following sentences ?

1. 今天媽媽要上超級市場買菜，你去不去？

2. 明天老師要來我家，你知道不知道？

3. 昨天貓媽媽 ㄕㄥ 了五隻小貓，我 ㄙㄨㄥˋ 你一隻，你要不要？

4. 紅、黃、藍、白、黑，五個顏色，你喜歡那個顏色？

5. 西瓜的 ㄆㄧˊ 是 ㄌㄩˋ 的，裡 ㄇㄧㄢˋ 是紅的，子是黑的。

6. ㄐㄩˊ 子汁是黃色的，ㄩˋ 米湯也是黃色的。

7. 蛋 ㄏㄢˋ ㄑㄧˇ 司在冰箱裡，可樂也在冰箱裡，你要那個？

8. 姐姐早飯喝咖啡，吃麵包，（可是）她不吃蛋。

9. 你家的狗是牧羊犬，還是臘腸狗？毛是什麼顏色的？

10. 那個小朋友眼睛很大，嘴巴很小，眉毛

41

Ⅶ 你 會 讀 下 面 的 句 子 嗎 ？

Can you read the following sentences ?

很 長 ， 很 漂 亮 。

11.我 哥 哥 在 朋 友 家 ， 他 不 回 來 吃 晚 飯 。

12.今 天 晚 飯 有 牛 肉 、 ㄕㄨ 菜 、 ㄩˋ 米 湯 ， 還 有 水 果 ， 好 ㄅㄤˋ 。

13.我 喜 歡 ㄒㄧㄢ 喝 點 兒 ㄑㄧˋ 水 ， 你 喝 不 喝 ？

14.冰 箱 裡 有 很 多 土 司 ， 我 們 不 要 買 麵 包 好 嗎 ？

15.小 弟 弟 喜 歡 吃 ㄧˋ 大 ㄌㄧˋ 麵 嗎 ？ 不 知 道 。

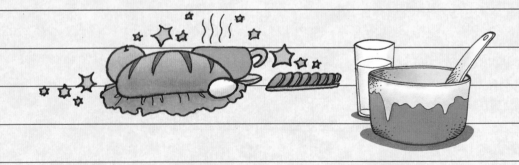

第（ㄉㄧˋ）三（ㄙㄢ）課（ㄎㄜˋ）
Dì Sān Kè

游（ㄧㄡˊ）泳（ㄩㄥˇ）

Swimming

Ⅰ 對　話

（ Dialogue ）

第　一　部	Part　1
林ㄌㄧㄣˊ一平ㄆㄧㄥˊ	喂ㄨㄟˋ？請ㄑㄧㄥˇ問ㄨㄣˋ李ㄌㄧˇ欣ㄒㄧㄣ欣ㄒㄧㄣ在ㄗㄞˋ嗎ㄇㄚ？
李ㄌㄧˇ欣ㄒㄧㄣ欣ㄒㄧㄣ	我ㄨㄛˇ就ㄐㄧㄡˋ是ㄕˋ。
林ㄌㄧㄣˊ一平ㄆㄧㄥˊ	我ㄨㄛˇ是ㄕˋ林ㄌㄧㄣˊ一平ㄆㄧㄥˊ，你ㄋㄧˇ好ㄏㄠˇ！這ㄓㄜˋ個ㄍㄜ週ㄓㄡ末ㄇㄛˋ我ㄨㄛˇ們ㄇㄣ一起ㄑㄧˇ去ㄑㄩˋ游ㄧㄡˊ泳ㄩㄥˇ好ㄏㄠˇ嗎ㄇㄚ？
李ㄌㄧˇ欣ㄒㄧㄣ欣ㄒㄧㄣ	你ㄋㄧˇ會ㄏㄨㄟˋ游ㄧㄡˊ嗎ㄇㄚ？
林ㄌㄧㄣˊ一平ㄆㄧㄥˊ	會ㄏㄨㄟˋ。我ㄨㄛˇ游ㄧㄡˊ得ㄉㄜ很ㄏㄣˇ好ㄏㄠˇ。
李ㄌㄧˇ欣ㄒㄧㄣ欣ㄒㄧㄣ	我ㄨㄛˇ不ㄅㄨ太ㄊㄞˋ會ㄏㄨㄟˋ游ㄧㄡˊ。你ㄋㄧˇ教ㄐㄧㄠ我ㄨㄛˇ好ㄏㄠˇ嗎ㄇㄚ？
林ㄌㄧㄣˊ一平ㄆㄧㄥˊ	沒ㄇㄟˊ問ㄨㄣˋ題ㄊㄧˊ！

第 二 部	Part 2
王ㄨㄤˊ 芸ㄩㄣˊ	欣ㄒㄧㄣ欣ㄒㄧㄣ，你ㄋㄧˇ的ㄉㄜ游ㄧㄡˊ泳ㄩㄥˇ衣ㄧ好ㄏㄠˇ漂ㄆㄧㄠˋ亮ㄌㄧㄤˋ。
李ㄌㄧˇ欣ㄒㄧㄣ欣ㄒㄧㄣ	謝ㄒㄧㄝˋ謝ㄒㄧㄝ！我ㄨㄛˇ喜ㄒㄧˇ歡ㄏㄨㄢ這ㄓㄜˋ種ㄓㄨㄥˇ亮ㄌㄧㄤˋ亮ㄌㄧㄤ的ㄉㄜ黃ㄏㄨㄤˊ色ㄙㄜˋ。你ㄋㄧˇ的ㄉㄜ游ㄧㄡˊ泳ㄩㄥˇ衣ㄧ也ㄧㄝˇ好ㄏㄠˇ漂ㄆㄧㄠˋ亮ㄌㄧㄤˋ！
王ㄨㄤˊ 芸ㄩㄣˊ	謝ㄒㄧㄝˋ謝ㄒㄧㄝ！我ㄨㄛˇ喜ㄒㄧˇ歡ㄏㄨㄢ這ㄓㄜˋ種ㄓㄨㄥˇ淡ㄉㄢˋ淡ㄉㄢ的ㄉㄜ天ㄊㄧㄢ藍ㄌㄢˊ色ㄙㄜˋ。
林ㄌㄧㄣˊ一ㄧ平ㄆㄧㄥˊ	好ㄏㄠˇ了ㄌㄜ！別ㄅㄧㄝˊ聊ㄌㄧㄠˊ了ㄌㄜ！我ㄨㄛˇ們ㄇㄣ做ㄗㄨㄛˋ暖ㄋㄨㄢˇ身ㄕㄣ運ㄩㄣˋ動ㄉㄨㄥˋ吧ㄅㄚ。

Ⅰ 對 話

（Dialogue）

林一平	一 二 三 四 五 六 七 八
王芸	二 二 三 四 五 六 七 八
李欣欣	三 二 三 四 五 六 七 八
	四 二 三 四 五 六 七 八

第 三 部	Part 3
李ㄌㄧˇ欣ㄒㄧㄣ欣ㄒㄧㄣ	一ㄧ平ㄆㄧㄥˊ，你ㄋㄧˇ會ㄏㄨㄟˋ游ㄧㄡˊ蛙ㄨㄚ式ㄕˋ嗎ㄇㄚ？
林ㄌㄧㄣˊ一ㄧ平ㄆㄧㄥˊ	會ㄏㄨㄟˋ。 你ㄋㄧˇ瞧ㄑㄧㄠˊ！
李ㄌㄧˇ欣ㄒㄧㄣ欣ㄒㄧㄣ	哈ㄏㄚ！真ㄓㄣ像ㄒㄧㄤˋ一ㄧˋ隻ㄓ青ㄑㄧㄥ蛙ㄨㄚ！
林ㄌㄧㄣˊ一ㄧ平ㄆㄧㄥˊ	討ㄊㄠˇ厭ㄧㄢˋ！
李ㄌㄧˇ欣ㄒㄧㄣ欣ㄒㄧㄣ	你ㄋㄧˇ還ㄏㄞˊ會ㄏㄨㄟˋ別ㄅㄧㄝˊ的ㄉㄜ嗎ㄇㄚ？
林ㄌㄧㄣˊ一ㄧ平ㄆㄧㄥˊ	我ㄨㄛˇ還ㄏㄞˊ會ㄏㄨㄟˋ仰ㄧㄤˇ式ㄕˋ和ㄏㄢˊ自ㄗˋ由ㄧㄡˊ式ㄕˋ。 你ㄋㄧˇ瞧ㄑㄧㄠˊ！ 身ㄕㄣ子ㄗ躺ㄊㄤˇ在ㄗㄞˋ水ㄕㄨㄟˇ面ㄇㄧㄢˋ上ㄕㄤˋ， 用ㄩㄥˋ胳ㄍㄜ臂ㄅㄧˋ划ㄏㄨㄚˊ水ㄕㄨㄟˇ，這ㄓㄜˋ叫ㄐㄧㄠˋ仰ㄧㄤˇ式ㄕˋ。

Ⅰ 對　話

（ Dialogue ）

李欣欣　你好像一艘船。

林一平　再看自由式。游自由式的時候要注意換氣。換氣的時候，嘴巴和鼻子要離開水面。

李欣欣　你瞧！ 王姐姐好棒！她會跳水， 也會潛水。

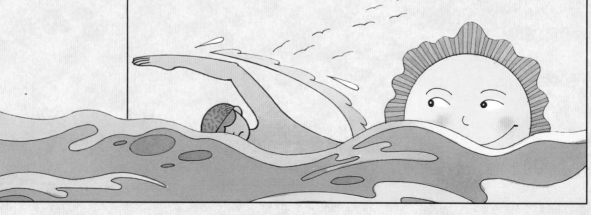

48

Ⅱ 生字生詞

(Vocabulary & Expressions)

1. 游泳 yóu yǔng — to swim

2. 一起 yìchǐ — together

3. V. 得 v de — grammatical particle coming after a verb and before a stative verb. Used in a construction in which the SV modifies the verb.

4. 不太會 bú tài huèi — not so good at

5. 游泳衣 yóu yǔng yi — swimsuit

6. 種 jǔng — kind

7. 亮亮的 liàng liàng de — bright

8. 淡淡的 dàn dàn de — light

9. 天 tiān — sky

10. 別 bié — don't, to stop

11. 聊 liáu — to chat

12. 暖身 nuǎnshēn — warm up

13. 運動 yùndùng — exercise

14. 蛙式 wāshì — breast-stroke (frog style)

15. 瞧 chiáu — look

16. 真 jēn — really

II 生字生詞

（Vocabulary & Expressions）

17. 像 shiàng — to be like / to look like

18. 隻 jī — (measure word)

19. 青蛙 chīngwā — frog

20. 討厭 tǎuyàn — horrible（Here, a mild expletive, similar to: "Oh, come on!"）

21. 別的 biéde — other

22. 仰式 yǎngshr̀ — back stroke

23. 自由式 tz̀yóushr̀ — freestyle ;the crawl

24. 躺 tǎng — to lie on one's back

25. 水 shuěi — water

26. 面 miàn — surface

27. 划 huá — to paddle

28. 艘 sāu — measure word for boat

29. 船 chuán — boat

30. 注意 jùyi — to pay attention to

31. 換氣 huàn chì — breathing（while swimming）

32. 離開 líkāi — to leave, to get out of

33. 跳水 tiàushuěi — to dive（go head first into water）

50

34.潛ㄑ一ㄢˊ水ㄕㄨㄟˇ
chián shuěi

to dive under
（go under wa-
ter）

Ⅲ 句型練習

(Pattern Practice)

1. 這個週末我們一起去游泳好嗎？

   星期天　　　　　　　　打球

   暑假　　　　　　　　　台灣

2. 我　游得很好。

   他　寫

   你　畫

   李立做

3. 我ㄨㄛˇ 　　　　不ㄅㄨˋ太ㄊㄞˋ會ㄏㄨㄟˋ游ㄧㄡˊ。

　　她ㄊㄚ 　　　　　　玩ㄨㄢˊ

　　張ㄓㄤ伯ㄅㄛˊ伯˙ㄅㄛ 　　用ㄩㄥˋ電ㄉㄧㄢˋ腦ㄋㄠˇ

　　小ㄒㄧㄠˇ　弟ㄉㄧˋ 　　　寫ㄒㄧㄝˇ信ㄒㄧㄣˋ

4. 別ㄅㄧㄝˊ聊ㄌㄧㄠˊ了˙ㄌㄜ！

　　　玩ㄨㄢˊ

　　　吵ㄔㄠˇ

　　　畫ㄏㄨㄚˋ

Ⅲ 句型練習

（ Pattern Practice ）

5. 我們做暖身運動吧！

　　做水果派吧

　　去上學吧

　　去騎馬吧

6. 她游蛙式真像一隻青蛙。

　　她游仰式真像一艘船。

　　她真像她媽媽。

　　哥哥真像爸爸。

7. 你游泳好像一艘船。

   牠好像一隻貓。

   她的嘴巴好像一個櫻桃。

   你家好像一個動物園。

8. 游自由式的時候，要注意換氣。

   游　　泳的時候，要注意划水。

   換　　氣的時候，要注意鼻子。

IV 英 譯

(English Translation)

Part 1：

林ㄌㄧㄣˊ一ㄧ平ㄆㄧㄥˊ   Hello！ Is Li Shin-shin there？

李ㄌㄧˇ欣ㄒㄧㄣ欣ㄒㄧㄣ   Yes, it's me.

林ㄌㄧㄣˊ一ㄧ平ㄆㄧㄥˊ   This is Lin Yi-ping. How are you？ Let's go swimming together this weekend, O K？

李ㄌㄧˇ欣ㄒㄧㄣ欣ㄒㄧㄣ   Do you know how to swim？

林ㄌㄧㄣˊ一ㄧ平ㄆㄧㄥˊ   Yes. I swim very well.

李ㄌㄧˇ欣ㄒㄧㄣ欣ㄒㄧㄣ   I'm not very good at swimming.
How about teaching me？

林ㄌㄧㄣˊ一ㄧ平ㄆㄧㄥˊ   No problem！

Part 2：

王ㄨㄤˊ 芸ㄩㄣˊ	Shin-shin, your swimsuit is really pretty.
李ㄌㄧˇ欣ㄒㄧㄣ欣ㄒㄧㄣ	Thanks！ I like bright yellow like this. Your swimsuit is very pretty too.
王ㄨㄤˊ 芸ㄩㄣˊ	Thanks！ I like light sky blue like this.
林ㄌㄧㄣˊ一ㄧ 平ㄆㄧㄥˊ	All right！ Stop chatting！ Let's do some warm up exercises！
林ㄌㄧㄣˊ一ㄧ 平ㄆㄧㄥˊ	One, two, three, four, five, six, seven, eight,
王ㄨㄤˊ 芸ㄩㄣˊ	two, two, three, four, five, six, seven, eight,
李ㄌㄧˇ欣ㄒㄧㄣ欣ㄒㄧㄣ	three, two, three, four, five, six, seven, eight, four, two, three, four, five, six, seven, eight.

Ⅳ英 譯

(English Translation)

Part 3 :

李ㄌㄧˇ欣ㄒㄧㄣ欣ㄒㄧㄣ　　Yi-ping, can you do the breast-stroke ?

林ㄌㄧㄣ一一平ㄆㄧㄥˊ　　Yes. Look !

李ㄌㄧˇ欣ㄒㄧㄣ欣ㄒㄧㄣ　　Ha ！ You really look like a frog.

林ㄌㄧㄣ一一平ㄆㄧㄥˊ　　Come on ！

李ㄌㄧˇ欣ㄒㄧㄣ欣ㄒㄧㄣ　　Do you know any other strokes ？

林ㄌㄧㄣ一一平ㄆㄧㄥˊ　　I can also do back-stroke and freestyle.
　　　　　　　　　　　Look ！　You lie facing up on the water, and use
　　　　　　　　　　　your arms to paddle. This is called the back-stroke.

李ㄌㄧˇ欣ㄒㄧㄣ欣ㄒㄧㄣ　　You really look like a boat.

58

林<ruby>一<rt>ㄌㄧㄣˊ</rt></ruby><ruby>一<rt>ㄧ</rt></ruby><ruby>平<rt>ㄆㄧㄥˊ</rt></ruby>

Now let's look at freestyle.
When you do this, pay attention to your breathing.
When you breathe in, your mouth and nose have
to be out of the water.

李<ruby>欣<rt>ㄌㄧˇ</rt></ruby><ruby>欣<rt>ㄒㄧㄣ</rt></ruby><ruby>欣<rt>ㄒㄧㄣ</rt></ruby>

Look！ Wang Jiejie is great！ She can dive into
the water and under the water.

59

V 寫寫看

Let's learn how to write Chinese characters.

Please follow the stroke order and write each one ten times.

生字及注音		部首	筆	順
太 ㄊㄞ	tài	大 ㄉㄚ	一ナ大太	
多 ㄉㄨㄛ	duō	夕 ㄒㄧ	ノクタ多多多	
少 ㄕㄠ	shǎu	小 ㄒㄧㄠ	丨小小少	
分 ㄈㄣ	fēn	刀 ㄉㄠ	ノ八分分	
石 ㄕ	shŕ	石 ㄕ	一ナ丆石石	
頭 ㄊㄡ	tóu	頁 ㄧㄝ	一丆丆豆豆豆豆豆頭頭頭頭頭頭	
片 ㄆㄧㄢ	piàn	片 ㄆㄧㄢ	ノ丿ゲ片	
孩 ㄏㄞ	hái	子 ㄗ	一了子孑孑孩孩孩孩	
時 ㄕ	shŕ	日 ㄖ	丨冂日日旷旷旷旷時時	
候 ㄏㄡ	hòu	人(亻) ㄖㄣ	ノ亻亻亻仴仴仴伲候候	
鐘 ㄓㄨㄥ	jūng	金 ㄐㄧㄣ	ノ人𠆢亼牟余金金金鈩鈩鈩鋂鍀鍀鐳鐳鐘鐘	

60

V 寫寫看

Let's learn how to write Chinese characters.

Please follow the stroke order and write each one ten times.

生字及注音	部首	筆　　　　　　　　　　　　　　　　順
邊 ㄅㄧㄢ	biān	辵(辶) ㄔㄨㄛˋ	′ ′ ′ ′ ′ 自 自 自 臯 臯 臯 臱 臱 臱 臱 ` 邊 邊
愛 ㄞˋ	ài	心 ㄒㄧㄣ	′ ′ ′ ′ ′ 忍 忍 忍 忍 忍 愛 愛 愛
睡 ㄕㄨㄟˋ	shuèi	目 ㄇㄨˋ		刀 月 月 目 盯 盯 盯 盯 盯 睛 睡 睡
覺 ㄐㄩㄠˋ	jiàu	見 ㄐㄧㄢˋ	′ ′ ′ ′ ′ ′ ′ 段 段 段 段 段 與 與 覺 覺 覺 覺 覺 覺
動 ㄉㄨㄥˋ	dùng	力 ㄌㄧˋ	′ 二 千 舌 舌 育 重 重 重 動 動
物 ㄨˋ	wù	牛 ㄋㄧㄡˊ	′ ′ 牛 牛 牛 物 物 物
園 ㄩㄢˊ	yuán	囗 ㄨㄟˊ		门 门 门 同 問 周 周 周 園 園 園 園
獅 ㄕ	shr	犬(犭) ㄑㄩㄢˇ	′ ′ 犭 犭 犭 狎 狎 狎 狎 獅 獅
猴 ㄏㄡˊ	hóu	犬(犭) ㄑㄩㄢˇ	′ ′ 犭 犭 犭 狎 狎 狎 狎 猴 猴

61

VI 讀讀看

Let's learn how to read Chinese characters.

太	太 太
多	很 多 ， 好 多
少	多 少
分	三 十 分
石	石 頭
頭	大 石 頭
片	一 片 麵 包 ， 十 片 西 瓜
孩	孩 子
時	時 候
候	什 麼 時 候
鐘	五 分 鐘
邊	左 邊 ， 右 邊
愛	可 愛
睡	睡 覺
覺	不 要 睡 覺
動	動 物 好 多
物	很 多 動 物 ， 喜 歡 動 物
園	動 物 園

VI 讀讀看

Let's learn how to read Chinese characters.

獅	獅子
猴	小猴子

VII 你會讀下面的句子嗎？

Can you read the following sentences?

1. 這是什麼？這是一隻大獅子，這是獅子爸爸。

2. 我家裡有小貓，小狗，可是沒有獅子。

3. 獅子爸爸有一個太太，也有三個小孩，都很可愛。

4. 請你 ㄕㄨˇ ㄕㄨˇ，那 ㄎㄨㄞˋ 石頭上有幾隻小老ㄏㄨˇ ？

5. 猴子好喜歡吃 ㄒㄧㄤ ㄐㄧㄠ，也愛喝牛奶。

6. 一個大西瓜可 ㄧˇ ㄑㄧㄝ 十二片嗎？可ㄧˇ 。

7. 我們什麼時候去動物園？明天好不好？

8. 校車還有十分鐘就要來了，我們快回去·ㄅㄚ！

9. 獅子頭上的毛好漂亮，那是獅子爸爸。

10. 小動物睡覺的時候都很可愛，你有小動物嗎？

11. 動物園裡有很多動物，有大的，有小的

Ⅶ 你會讀下面的句子嗎？

Can you read the following sentences ?

，可是我喜歡小猴子。

12.小獅子吃牛肉，不喜歡吃水果，也不喝可樂

13.我看見一隻老 ㄏㄨˇ，在石頭上睡覺。

14.獅子的嘴巴很大，可是耳朵很小。

15.你知道大 ㄒㄧㄤˋ 吃什麼？喝什麼？

第四課
Dì Sì Kè

芭比的衣服
Barbie's Clothes

Ｉ對 話

（ Dialogue ）

第 一 部	Part　1
王　　芸	欣欣， 你有芭比娃娃嗎？
李欣欣	有啊！我不但有芭比娃娃，還有好多娃娃衣服。
王　　芸	有些什麼衣服？
李欣欣	有內衣、毛衣、夾克、裙子、牛仔褲、睡衣，還有好多其它的。
王　　芸	我們來玩「扮家家酒」好嗎？

I 對 話

（ Dialogue ）

李欣欣	好啊！
王芸	你當芭比，我當芭比的男朋友。
李欣欣	好。你現在打電話給我。
王芸	喂？芭比嗎？
李欣欣	我就是。
王芸	我是肯。這個星期五晚上你有空嗎？我想請你吃晚飯。

李欣欣	好啊！我要穿洋裝。我要穿那件淡紫色的洋裝，戴一條純白色的絲巾和珍珠耳環，還要化妝。
王芸	拜託！拜託！妝要淡。別化得太濃。
李欣欣	好嘛！你穿什麼呢？
王芸	我要穿長褲和襯衫，還要打領帶。

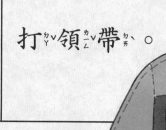

Ⅰ對 話

（ Dialogue ）

李欣欣　　什麼顏色的領帶？

王　芸　　灰色的。

李欣欣　　你什麼時候來接我？

王　芸　　六點一刻。

李欣欣　　好。再見。

王　芸　　再見。

Ⅱ 生字生詞

(Vocabulary & Expressions)

1. 芭比 Barbie
   Bābǐ

2. 衣服 clothes
   yīfú

3. 娃娃 doll
   wá wa

4. 不但……還 not only ......
   búdàn … hái but also ......

5. 好多 many, lots and
   hǎu duō lots of

6. 內衣 underwear
   nèiyi

7. 毛衣 sweater
   máuyi

8. 夾克 jacket
   jiákè

9. 裙子 skirt
   chíuntz

10. 牛仔褲 jeans
    nióutzǎi kù

11. 睡衣 pajamas
    shuèiyi

12. 扮家家酒 play house
    bàn jiā jiā jiǒu

13. 男朋友 boyfriend
    nán péngyou

14. 給 to give
    gěi

15. 肯 Ken
    kěn (a person's name)

16. 晚上 evening
    wǎnshàng

17. 穿 to wear,
    chuān to put on

18. 洋裝 dress
    yáng juāng

II 生字生詞

（ Vocabulary & Expressions ）

19. 件 ㄐㄧㄢˋ
jiàn
(measure word)
piece

20. 淡 ㄉㄢˋ 紫 ㄗㄧˇ 色 ㄙㄜˋ
dàn   tzǐsè
lavender

21. 戴 ㄉㄞˋ
dài
to wear,
to put on

22. 純 ㄔㄨㄣˊ
chuén
pure

23. 絲 ㄙ 巾 ㄐㄧㄣ
szjin
silk scarf

24. 珍 ㄓㄣ 珠 ㄓㄨ
jēn jū
pearl

25. 耳 ㄦˇ 環 ㄏㄨㄢˊ
ěrhuán
earring

26. 化 ㄏㄨㄚˋ 妝 ㄓㄨㄤ
huà juāng
to make up

27. 拜 ㄅㄞˋ 託 ㄊㄨㄛ
bàituō
please

28. 濃 ㄋㄨㄥˊ 妝 ㄓㄨㄤ
núng juāng
heavy make up

29. 長 ㄔㄤˊ 褲 ㄎㄨˋ
cháng kù
pants

30. 好 ㄏㄠˇ 嘛 ㄇㄚ
hǎuma
all right

31. 襯 ㄔㄣˋ 衫 ㄕㄢ
chènshān
shirt

32. 打 ㄉㄚˇ
dǎ
to put on
（ a tie ）

33. 領 ㄌㄧㄥˇ 帶 ㄉㄞˋ
lǐngdài
tie

34. 灰 ㄏㄨㄟ 色 ㄙㄜˋ
huēisè
gray

35. 刻 ㄎㄜˋ
kè
one quarter

Ⅲ 句型練習

(Pattern Practice)

1. 我ㄨㄛˇ不ㄅㄨˊ但ㄉㄢˋ有ㄧㄡˇ娃ㄨㄚˊ娃ㄨㄚˊ， 還ㄏㄞˊ有ㄧㄡˇ好ㄏㄠˇ多ㄉㄨㄛ
   娃ㄨㄚˊ娃ㄨㄚˊ衣ㄧ服ㄈㄨˊ。

   他ㄊㄚ 不ㄅㄨˊ但ㄉㄢˋ有ㄧㄡˇ狗ㄍㄡˇ， 還ㄏㄞˊ有ㄧㄡˇ好ㄏㄠˇ多ㄉㄨㄛ貓ㄇㄠ。

   他ㄊㄚ 不ㄅㄨˊ但ㄉㄢˋ愛ㄞˋ吃ㄔ ， 還ㄏㄞˊ愛ㄞˋ玩ㄨㄢˊ。

   爸ㄅㄚˋ爸ㄅㄚ˙不ㄅㄨˊ但ㄉㄢˋ愛ㄞˋ打ㄉㄚˇ球ㄑㄧㄡˊ， 還ㄏㄞˊ愛ㄞˋ游ㄧㄡˊ泳ㄩㄥˇ。

2. 我ㄨㄛˇ   想ㄒㄧㄤˇ請ㄑㄧㄥˇ   你ㄋㄧˇ   吃ㄔ晚ㄨㄢˇ飯ㄈㄢˋ。

   他ㄊㄚ   午ㄨˇ飯ㄈㄢˋ。

   李ㄌㄧˇ立ㄌㄧˋ   王ㄨㄤˊ芸ㄩㄣˊ   去ㄑㄩˋ他ㄊㄚ家ㄐㄧㄚ。

Ⅲ 句型練習

（ Pattern Practice ）

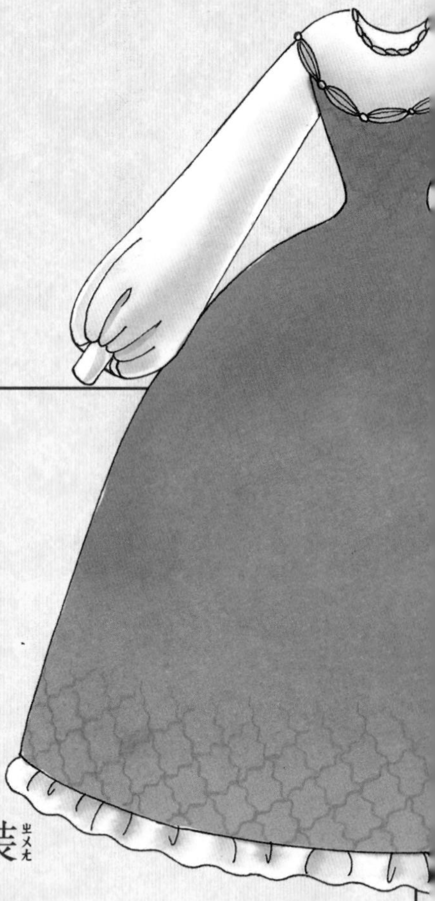

3.
洋裝

淡紫色的洋裝

那件淡紫色的洋裝

穿那件淡紫色的洋裝

我要穿那件淡紫色的洋裝

4. 我要做派， 寫信、 還要打電話。

媽媽要上學， 買菜、 還要洗衣服。

她要穿裙子， 戴耳環、 還要化妝。

IV 英 譯

(English Translation)

Part　1：

王ㄨㄤˊ　芸ㄩㄣˊ　Shin-shin. Do you have any Barbie dolls？

李ㄌㄧˇ欣ㄒㄧㄣ欣ㄒㄧㄣ　Yes. Not only Barbie dolls, but lots of doll's clothes, too.

王ㄨㄤˊ　芸ㄩㄣˊ　What clothes？

李ㄌㄧˇ欣ㄒㄧㄣ欣ㄒㄧㄣ　Underwear, sweaters, jackets, skirts, jeans, pajamas, and lots of others too.

王ㄨㄤˊ　芸ㄩㄣˊ　Let's play house, O K？

李ㄌㄧˇ欣ㄒㄧㄣ欣ㄒㄧㄣ　OK！

王ㄨㄤˊ　芸ㄩㄣˊ　You be Barbie. Let me be Barbie's boyfriend.

IV英　譯

(English Translation)

李ㄌㄧˇ欣ㄒㄧㄣ欣ㄒㄧㄣ　All right. Now you give me a call.

王ㄨㄤˊ芸ㄩㄣˊ　Hello？ Is this Barbie？

李ㄌㄧˇ欣ㄒㄧㄣ欣ㄒㄧㄣ　Yes. It's me.

王ㄨㄤˊ芸ㄩㄣˊ　This is Ken. Will you be free this Friday evening？ I'd like to invite you to dinner.

李ㄌㄧˇ欣ㄒㄧㄣ欣ㄒㄧㄣ　Yes. I'd love to come. I'll wear a dress. I'll wear that lavender dress, a pure white silk scarf, pearl earrings, and make up.

王ㄨㄤˊ芸ㄩㄣˊ　Please！ Use light make up. Don't put on too much.

李ㄌㄧˇ欣ㄒㄧㄣ欣ㄒㄧㄣ　All right. What are you going to wear？

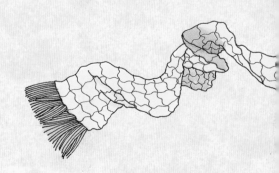

王_{メ九′} 芸_{ロド}	I'm going to wear pants and a shirt, and put on a tie.
李_{カー′}欣_{Tート}欣_{Tート}	What color is the tie ?
王_{メ九′} 芸_{ロド}	It's gray.
李_{カー′}欣_{Tート}欣_{Tート}	When are you going to pick me up ?
王_{メ九′} 芸_{ロド}	A quarter after six.
李_{カー′}欣_{Tート}欣_{Tート}	O K. Bye !
王_{メ九′} 芸_{ロド}	Bye !

V 寫寫看

Let's learn how to write Chinese characters.

Please follow the stroke order and write each one ten times.

生字及注音		部首	筆　　　　　　　　　　　順
打 ㄉㄚˇ	dǎ	手 ㄕㄡˇ	一 十 扌 扩 打
電 ㄉㄧㄢˋ	diàn	雨 ㄩˇ	一 厂 戸 干 乕 乕 乕 雨 雨 雷 雷 電
話 ㄏㄨㄚˋ	huà	言 ㄧㄢˊ	丶 亠 二 言 言 言 言 訐 訐 詽 話 話
位 ㄨㄟˋ	wèi	人 ㄖㄣˊ	丿 亻 亻 伫 伫 位 位
找 ㄓㄠˇ	jǎu	手 ㄕㄡˇ	一 十 扌 扌 找 找 找
生 ㄕㄥ	shēng	生 ㄕㄥ	丿 ㇒ 仁 牛 生
日 ㄖˋ	r̀	日 ㄖˋ	丨 冂 日 日
會 ㄏㄨㄟˋ	huèi	日 ㄖˋ	丿 人 今 今 合 合 侖 侖 侖 侖 會 會 會
午 ㄨˇ	wǔ	十 ㄕˊ	丿 ㇒ 二 午
半 ㄅㄢˋ	bàn	十 ㄕˊ	丶 丷 半 半 半
號 ㄏㄠˋ	hàu	虍 ㄏㄨˊ	丶 口 口 吕 号 号 号 号 號 號 號 號 號

V 寫寫看

Let's learn how to write Chinese characters.

Please follow the stroke order and write each one ten times.

生字及注音		部首	筆　　　　　　　　　　　　　　　　　　順
等 ㄉㄥˇ	děng	竹 ㄓㄨˊ	ノ ト ト ト ト ト ト ト 竹 竹 笙 笙 竿 等 等
空 ㄎㄨㄥˋ	kùng	穴 ㄒㄩㄝˊ	丶 丶 宀 宀 宀 空 空 空
事 ㄕˋ	shì	｜ ㄐㄩㄝˊ	一 一 亍 写 写 写 写 事
對 ㄉㄨㄟˋ	duèi	寸 ㄘㄨㄣˋ	｜ ｜ ｜ ｜ ｜ ｜ ｜ ｜ ｜ ｜ ｜ 對 對
已 ㄧˇ	yǐ	己 ㄐㄧˇ	ㄱ ㄱ 已 已
經 ㄐㄥ	jing	糸 ㄇㄧˋ	⺓ ⺓ ⺓ ⺓ 幺 幺 糸 糽 紅 經 經 經 經
約 ㄩㄝ	yuē	糸 ㄇㄧˋ	⺓ ⺓ ⺓ ⺓ 幺 幺 糸 糽 約 約
參 ㄘㄢ	tsān	ㄙ ㄙ	ㄙ ㄙ ㄙ 厽 厽 叒 叒 參 參 參
加 ㄐㄧㄚ	jiā	口 ㄎㄡˇ	ㄱ 力 加 加 加

79

VI 讀 讀 看

Let's learn how to read Chinese characters.

打	打 電 話
電	電 話 幾 號 ？
話	你 家 電 話 幾 號 ？
位	一 位 朋 友 ， 兩 位 老 師 。
找	你 找 誰 ？ 你 找 那 一 位 ？ 我 找 老 師 。
生	生 日
日	今 天 是 他 生 日 。
會	生 日 會 ， 茶 會
午	上 午 ， 下 午
半	一 點 半
號	你 家 幾 號 ？
等	等 一 下
空	有 空 ， 沒 空 去
事	事 很 多 ， 有 什 麼 事 ？
對	對 不 對 ？ 對 了 ！
已	已 經
經	他 已 經 回 來 了 ！
約	我 約 他 們 ㄒㄧㄥ ㄑㄧˊ 天 見 。

Ⅵ 讀 讀 看

Let's learn how to read Chinese characters.

參 加	參加
	我們不參加生日會。

Ⅶ 你會讀下面的句子嗎？

Can you read the following sentences ?

1. 我要打電話請你回來。
2. 你打電話找誰？我要找王媽媽。
3. 請問你 ㄌㄧㄥˊ ㄧㄆㄧㄥˊ 在嗎？請你等一下。
4. 王老師家電話幾號？我不知道，請你問 ㄉㄧˇ ㄉㄧˋ 好嗎？
5. 明天晚上我要參加一個生日會，你去不去？
6. 今天上午，我有事，沒空去。沒 ㄍㄨㄢ ·ㄒㄧ。
7. 這個 ㄒㄧㄥㄑㄧˊ 六你有空嗎？
8. 生日會是什麼時候？下午四點半，你來嗎？
9. 好·ㄚ！可是我要問問我爸爸，可以不可以 ㄙㄨㄥˋ 我去。
10. 我已經打電話請他來參加你的生日會，可是他要去動物園。他明天有空，昨天有空，今天沒空。

Ⅶ 你會讀下面的句子嗎？

Can you read the following sentences？

11. 我 的 生 日 會 媽 媽 做 了 一 個 很 大 的 水 果
    ㄆㄞˋ ， 還 有 可 樂 ， 西 瓜 ， 我 有 二 十 六
    位 好 朋 友 來 參 加 。

12. 明 天 我 有 約 ， 你 有 空 ㄙㄨㄥˋ 我 去 嗎 ？

13. 沒 ㄍㄨㄢ ‧ㄒㄧ ， 我 可 以 ㄙㄨㄥˋ 你 去 。 謝
    謝 你 。 不 客 氣 。

14. 超 級 市 場 賣 ㄅㄧㄥ ㄑㄧˊ ㄌㄧㄣˊ ， 有 很
    多 顏 色 ， 紅 色 是 ㄘㄠˇ ㄇㄟˊ 的 ； 藍 色 的 是 藍
    ㄇㄟˊ 的 ； 黃 色 是 ㄈㄥˋ ㄌㄧˊ 的 ； ㄌㄩˋ
    色 是 ㄆㄧㄥˊ 果 的 。

15. ㄑㄧㄠˇ ㄎㄜˋ ㄌㄧˋ ㄊㄤˊ 很 好 吃 ， ㄅㄧㄥ
    ㄑㄧˊ ㄌㄧㄣˊ 很 好 看 ， 可 是 不 能 都 買 。

| 生字生詞索引 | Index |

注音符號第一式（MPSI）	生 字 生 詞 Shengtz Shengtsz Vocabulary & Expressions	注音符號第二式（MPSII）	英　　　　　譯 English Translation	課次頁次 Lesson-page
ㄅ				
ㄅㄚ	芭比	Bābǐ	Barbie	4-71
ㄅㄞ	拜託	bàituō	please	4-72
ㄅㄢ	扮家家酒	bàn jiā jiā jiǒu	play house	4-71
ㄅㄤ	棒球	bàngchióu	baseball	1-7
ㄅㄧㄝ	別	bíe	don't; to stop	3-49
	別的	bíede	other	3-49
ㄅㄨ	不但……還	búdàn …… hái	not only …… but also	4-71
	不太會	bútài huèi	not so good at	3-49
	捕手	bǔshǒu	catcher	1-7
ㄇ				
ㄇㄟ	沒熟的	méi shóude	raw	2-29
ㄇㄠ	毛衣	máuyī	sweater	4-71
ㄇㄧㄢ	面	miàn	surface	3-50
ㄇㄨ	木柴	mùchái	firewood	2-28
ㄈ				

ㄈㄢ	翻	fān	to turn	2-28
	蕃茄	fānchié	tomato	2-28

ㄅ

ㄅㄚ	打	dǎ	to put on (a tie)	4-72
	打火機	dǎ huǒ jī	lighter	2-28
ㄅㄜ	V. 得	v. de	Grammatical particle coming after a verb and before a stative verb. Used in a construction in which the SV modifies the verb.	3-49
ㄅㄞ	戴	dài	to wear; to put on	4-72
ㄅㄢ	淡淡的	dàndànde	light	3-49
	淡紫色	dàn tžsè	lavender	4-72
ㄅㄤ	當	dāng	to be, to act as, to play as	1-7
ㄅㄧ	第一棒	dì yī bàng	first at bat	1-7

ㄊ

ㄊㄠ	討厭	tǎuyàn	horrible	3-50
ㄊㄡ	投手	tóushǒu	pitcher	1-7

注音符號第一式 (MPSI)	生 字 生 詞 Shengtz Shengtsz Vocabulary & Expressions	注音符號第二式 （MPSⅡ）	英　　　　　　　譯 English Translation	課次 頁 Lesso -page
	ㄊ			
ㄊㄤ	躺ㄊㄤˇ	tǎng	to lie on one's back	3-50
ㄊㄧㄠ	跳ㄊㄧㄠˋ水ㄕㄨㄟˇ	tiàu shuěi	to dive (go head first into)	3-50
ㄊㄧㄢ	天ㄊㄧㄢ	tiān	sky	3-49
	ㄋ			
ㄋㄟ	內ㄋㄟˋ衣ㄧ	nèiyi	underwear	4-71
ㄋㄢ	男ㄋㄢˊ朋ㄆㄥˊ友ㄧㄡˇ	nán péngyou	boyfriend	4-71
ㄋㄧㄡ	牛ㄋㄧㄡˊ仔ㄗㄞˇ褲ㄎㄨˋ	nióutzǎi kù	jeans	4-71
ㄋㄨㄢ	暖ㄋㄨㄢˇ身ㄕㄣ	nuǎn shēn	warm up	3-49
ㄋㄨㄥ	濃ㄋㄨㄥˊ	núng	thick, heavy, strong	4-72
	ㄌ			
ㄌㄟ	壘ㄌㄟˇ包ㄅㄠ	lěi bāu	bag for the base	1-7
	累ㄌㄟˋ	lèi	tired	1-8
	累ㄌㄟˋ死ㄙˇ了ㄌㄜ˙	lèi sžle	tired to death, exhausted	1-8
ㄌㄧ	離ㄌㄧˊ開ㄎㄞ	lí kāi	to leave; to get out of	3-50
ㄌㄧㄠ	聊ㄌㄧㄠˊ	liáu	to chat	3-49

ㄌㄧㄤ	亮亮的	liàngliàngde	bright	3-49
ㄌㄧㄥ	領帶	lǐngdài	tie	4-72
		ㄍ		
ㄍㄟ	給	gěi	to give	4-71
ㄍㄣ	跟	gēn	and	1-19
ㄍㄨㄛ	果汁	guǒjr	fruit juice	2-28
ㄍㄨㄥ	公園	gūngyuán	park	1-7
		ㄎ		
ㄎㄜ	刻	kè	one quarter	4-72
ㄎㄠ	烤肉	kǎuròu	barbecue	2-28
	烤肉架	kǎu ròu jià	barbecue grill	2-28
	烤肉刷	kǎu ròu shuā	barbecue brush	2-28
ㄎㄣ	肯	Kěn	(a person's name)	4-71
ㄎㄨㄞ	筷子	kuàitz	chopsticks	2-28
		ㄏ		
ㄏㄠ	好嘛	hǎu ma	all right	4-72
	好多	hǎuduō	many; lots and lots of	4-71
ㄏㄨㄚ	划	huá	to paddle	3-50

注音符號第一式 (MPSI)	生 字 生 詞 Shengtz Shengtsz Vocabulary & Expressions	生字生詞索引 Index 注音符號第二式 （MPSⅡ）	英 譯 English Translation	課次頁 Lesson -page
		ㄏ		
	化妝	huà juāng	to make up	4-72
ㄏㄨㄛˇ	火種	huǒjǔng	firestarters	2-28
ㄏㄨㄟ	灰色	huēisè	gray	4-72
ㄏㄨㄢˋ	換氣	huàn chì	breathing (while swimming)	3-50
		ㄐ		
ㄐㄧㄚˊ	夾克	jiákè	jacket	4-71
ㄐㄧㄠˋ	叫	jiàu	to ask	1-7
ㄐㄧㄢˋ	件	jiàn	(measure word) piece	4-72
		ㄑ		
ㄑㄧㄠˊ	瞧	chiáu	to look	3-49
ㄑㄧㄡˊ	球棒	chióu bàng	baseball bat	1-7
ㄑㄧㄢˊ	潛水	chián shuěi	to dive (go under water)	3-51
ㄑㄧㄣˊ	芹菜	chín tsài	celery	2-28
ㄑㄧㄥ	青蛙	chīngwā	frog	3-50
ㄑㄩㄣˊ	裙子	chíuntz	skirt	4-71

	ㄒ		
休息	shiōushi	to take a rest	1-8
現在	shiàntzài	now	2-29
想	shiǎng	to want; to feel like	2-29
想想看	shiǎng shiǎng kàn	to think about it	2-28
像	shiàng	to be like; to look like	3-50

	ㄓ		
隻	jī	(measure word)	3-50
紙杯	jǐ bēi	paper cup	2-28
紙盤	jǐ pán	paper plate	2-28
紙餐巾	jǐ tsānjin	paper napkin	2-28
找	jǎu	to look for	1-7
真	jēn	really	3-49
珍珠	jēn jū	pearl	4-72
主意	jǔyi	idea	1-7
注意	jùyi	to pay attention to	3-50
種	jǔng	kind	3-49

注音符號第一式 (MPSI)	生 字 生 詞 Shengtz Shengtsz Vocabulary & Expressions	注音符號第二式 （MPSⅡ）	英　　　　　　　　　　譯 English Translation	課次 頁 Lesson -page
		ㄔ		
ㄔ	吃ㄔ的˙ㄉ	chīde	things to eat	2-28
ㄔㄢ	鏟ㄔㄢˇ子˙ㄗ	chǎntz	spatula	2-28
ㄔㄣ	襯ㄔㄣˋ衫ㄕㄢ	chènshān	shirt	4-72
ㄔㄤ	長ㄔㄤˊ褲ㄎㄨˋ	cháng kù	pants	4-72
	長ㄔㄤˊ青ㄑㄧㄥ	chángching	evergreen	1-7
ㄔㄨ	出ㄔㄨ發ㄈㄚ	chūfā	to start out	2-28
ㄔㄨㄢ	穿ㄔㄨㄢ	chuān	to wear; to put on	4-71
	船ㄔㄨㄢˊ	chuán	boat	3-50
ㄔㄨㄣ	純ㄔㄨㄣˊ	chuén	pure	4-72
		ㄕ		
ㄕㄠ	少ㄕㄠˇ	shǎu	to lack; to be missing (something)	2-28
ㄕㄡ	熟ㄕㄡˊ(ㄕㄨˊ)	shóu (shú)	cooked; done	2-29
	守ㄕㄡˇ	shǒu	watch, keep one's eyes on	1-7
	手ㄕㄡˇ套ㄊㄠˋ	shǒutàu	glove	1-7

90

ㄕ尤	上ㄕㄤˋ 學ㄒㄩㄝˊ	shàng shiué	to go to school	1-8
ㄕㄥ	生ㄕㄥ 病ㄅㄧㄥˋ	shēngbìng	to get sick; to become ill	2-29
	生ㄕㄥ 火ㄏㄨㄛˇ	shēnghuǒ	to make a fire	2-29
ㄕㄨㄚ	刷ㄕㄨㄚ	shuā	to brush	2-29
ㄕㄨㄟ	水ㄕㄨㄟˇ	shuěi	water	3-50
	睡ㄕㄨㄟˋ 衣ㄧ	shuèiyi	pajamas	4-71

ㄖ

| ㄖㄡ | 肉ㄖㄡˋ | ròu | meat | 2-29 |

ㄗ

ㄗ	自ㄗˋ 由ㄧㄡˊ 式ㄕˋ	tzyóu shr̀	freestyle ;the crawl	3-50
ㄗㄜ	怎ㄗㄜˇ 麼ㄇㄜ˙ 辦ㄅㄢˋ?	tzěmme bàn?	What should we do?	1-7
ㄗㄨㄛ	左ㄗㄨㄛˇ 外ㄨㄞˋ 野ㄧㄝˇ	tzuǒ wàiyě	left field	1-7

ㄙ

| ㄙ | 絲ㄙ 巾ㄐㄧㄣ | sz̄jin | silk scarf | 4-72 |
| ㄙㄡ | 艘ㄙㄡ | sāu | (measure word) for boat | 3-50 |

ㄦ

| ㄦ | 耳ㄦˇ 環ㄏㄨㄢˊ | ěrhuán | earring | 4-72 |

一

注音符號第一式 (MPSI)	生 字 生 詞 Shengtz Shengtsz Vocabulary & Expressions	注音符號第二式 （MPSⅡ）	英　　　　　　　　　　譯 English Translation	課次 頁 Lesso -page
一				
一	衣-服ㄈㄨˊ	yìfú	clothes	4-71
	一-壘ㄌㄟˇ手ㄕㄡˇ	yi lěi shǒu	first baseman	1-7
	一-樣ㄧㄤ	yíyàng	one item	2-29
	一-邊ㄅㄧㄢ兒ㄦ … … 一-邊ㄅㄧㄢ兒ㄦ	yìbiār …… yìbiār	Sentence pattern used to ex- press doing something while also doing something else.	2-29
	一-點ㄉㄧㄢˇ兒ㄦ 都ㄉㄡ不ㄅㄨˋ	yìdiǎr dōu bù	not at all	1-8
	一-起ㄑㄧˇ	yìchǐ	together	3-49
ㄧ ㄠ	要ㄧㄠˋ是ㄕ	yàushr	if	2-29
ㄧ ㄡ	游ㄧㄡˊ泳ㄩㄥˇ	yóuyǔng	to swim	3-49
	游ㄧㄡˊ泳ㄩㄥˇ衣ㄧ	yóuyǔng yī	swimming suit	3-49
	有ㄧㄡˇ點ㄉㄧㄢˇ兒ㄦ	yǒu diǎr	a little	1-8
	右ㄧㄡˋ外ㄨㄞˋ野ㄧㄝˇ手ㄕㄡˇ	yòu wàiyě shǒu	right fielder	1-7
ㄧ ㄤ	洋ㄧㄤˊ裝ㄓㄨㄤ	yángjuāng	dress	4-71

仰ㄧㄤˇ式ㄕˋ	yǎngshг̀	back-stroke	3-50
ㄨ			
ㄨㄚ 蛙ㄨㄚ式ㄕˋ	wā shг̀	breast-stroke; (frog style)	3-49
娃ㄨㄚˊ娃ㄨㄚ˙	wáwa	doll	4-71
ㄨㄢˇ 晚ㄨㄢˇ上ㄕㄤˋ	wǎnshàng	evening	4-71
ㄩ			
ㄩㄣˋ 運ㄩㄣˋ動ㄉㄨㄥˋ	yùndùng	exercise	3-49

種樹歌

吟恩 曲

懷著希望

小小鋤頭　拿在手，　你一　鋤呀，　我一　鈀。

鬆鬆　土呀，　除除草，　小小樹苗　快種好。

細細雨呀　慢慢　下　，暖暖太陽　照著它。

樹呀樹呀，　真快樂，　發芽長葉　開紅花。

老烏鴉

巴赫　曲

老烏鴉　年紀老，跳不動，飛不高，

在窩裡　叫，呀呀叫！呀呀　叫！

小烏鴉　年紀小，到田裡　捉小蟲，

帶給媽媽吃個飽，吃個飽。

兒童華語課本（五）中英文版

主　　　編：王孫元平、何景賢、宋靜如、馬昭華、葉德明

出版機關：中華民國僑務委員會

　　　　　地址：台北市徐州路五號十六樓

　　　　　電話：(02) 2327-2600

　　　　　網址：http://www.ocac.gov.tw

出版年月：中華民國八十一年十二月初版

版(刷)次：中華民國九十四年九月初版八刷

定　　　價：新台幣八十元

展 售 處：國家書坊台視總店（台北市八德路三段 10 號，電話：02-25781515）

　　　　　五南文化廣場（台中市中山路 6 號，電話：04-22260330）

承　　　印：仁翔美術印刷股份有限公司

GPN：011099870176

ISBN：957-02-1652-2